Aviones De Papel Origami Para Niños

Mejore la atención, la concentración y la
motricidad de su hijo con este libro de
papiroflexia para niños

Lizeth Smith

Accede a tu regalo gratuito

Gracias por comprar nuestro libro de aviones de papel. Tenemos un regalo para ti. Ten acceso a más de 30 vídeos donde podrás aprender a crear otras figuras de origami totalmente GRATIS.

Visita: www.papercraftorigami.com

Tabla de Contenido

Símbolos

Líneas

Línea de borde. Muestra el borde del papel.

Línea de Doblez .Muestra la línea de doblez de los pasos anteriores.

Línea de doblez en el valle. Muestra el doblez cuando el borde del papel está orientado hacia abajo.

Línea de doblez en la montaña. Muestra el doblez cuando el borde del papel está orientado hacia arriba.

Línea imaginaria. Muestra la posición del papel después de realizar el paso.

Flechas

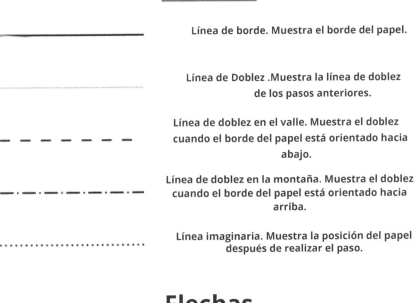

Flecha de dirección. Muestra la dirección hacia la que se doblará el papel.

Flecha para doblar y desdoblar. Indica que solo debe hacerse la línea del doblez.

Flecha de giro. Indica que hay que dar la vuelta al modelo para seguir avanzando.

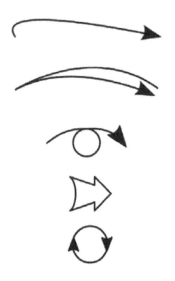

Flecha de squash. Indica que el papel debe ser empujado hacia abajo.

Flecha de rotación. Muestra la dirección hacia la que se debe girar el modelo.

Dobleces

Doblez de valle

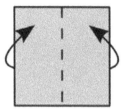 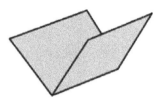

Dobla los lados hacia arriba haciendo que el borde del doblez mire hacia abajo. El papel forma una figura similar a la del valle.

Doblez de Montaña

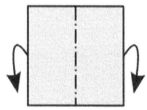 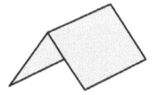

Dobla los lados hacia abajo mientras hace que el borde del doblez mire hacia arriba. El papel forma una figura similar a la montaña.

Doblez tipo Squash

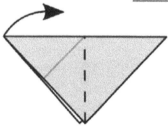 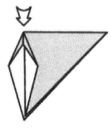 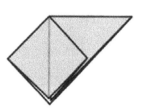

El plegado consta de dos pasos. Primero se dobla la esquina verticalmente hacia arriba y luego se empuja hacia abajo utilizando líneas previamente plegadas.

Lista de Modelos

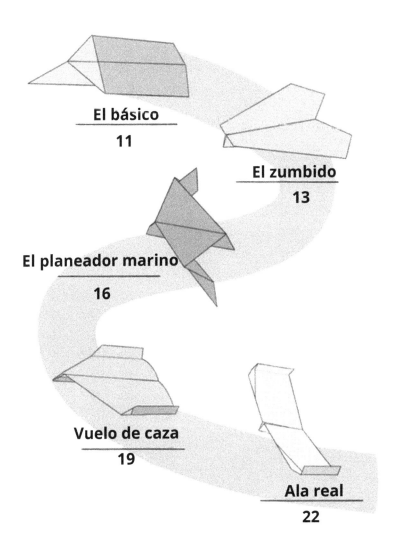

El básico
11

El zumbido
13

El planeador marino
16

Vuelo de caza
19

Ala real
22

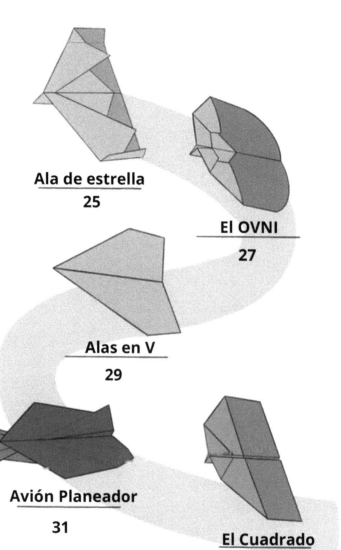

Ala de estrella
25

El OVNI
27

Alas en V
29

Avión Planeador
31

El Cuadrado
35

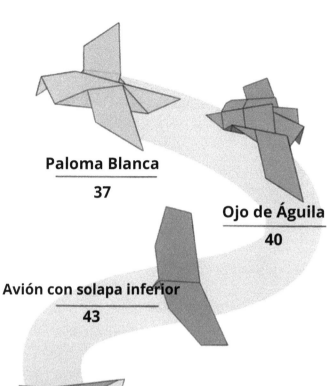

Paloma Blanca

37

Ojo de Águila

40

Avión con solapa inferior

43

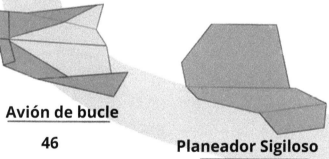

Avión de bucle

46

Planeador Sigiloso

48

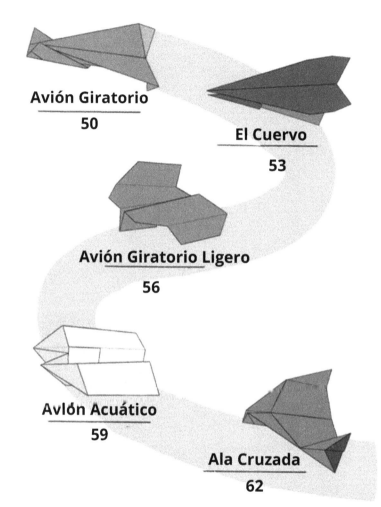

Avión Giratorio

50

El Cuervo

53

Avión Giratorio Ligero

56

Avlón Acuático

59

Ala Cruzada

62

El básico

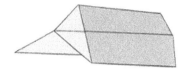

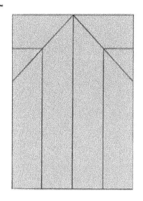

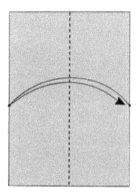

1 Dobla y desdobla el papel por la mitad.

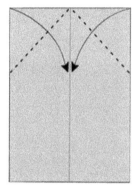

2 Dobla las dos esquinas superiores hacia la línea central.

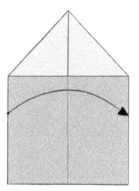

3 Vuelve a doblar el papel por la mitad.

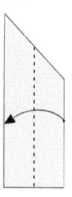

4 Dobla la capa superior por la mitad.

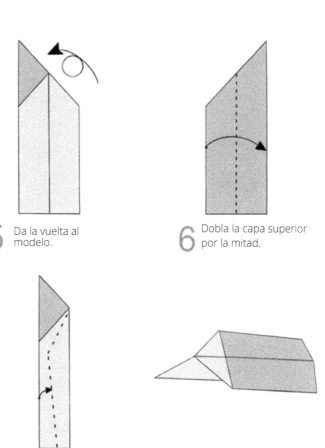

5 Da la vuelta al modelo.

6 Dobla la capa superior por la mitad.

7 Abre el modelo empujando las alas hacia arriba.

8 ¡Avión básico terminado!

El zumbido

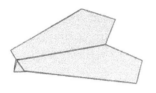

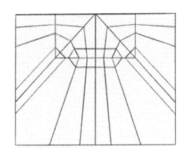

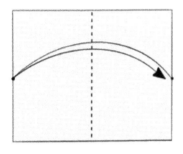

1 Dobla y desdobla el papel por la mitad.

2 Dobla las dos esquinas superiores hacia la línea central.

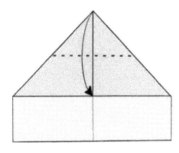

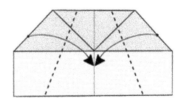

3 Dobla la parte superior hacia abajo hasta el borde del doblez anterior.

4 Dobla los lados superiores hacia la línea central.

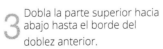

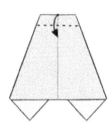

5 Da la vuelta al modelo.

6 Dobla la parte superior 1/2 pulgada hacia ti.

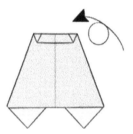

7 Da la vuelta al modelo.

8 Dobla el plano por la mitad.

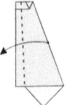

9 Dobla la capa superior para formar un ala. El cuerpo tiene que ser de aproximadamente 1/2 pulgada.

10 Da la vuelta al modelo.

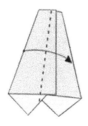

11 Dobla la capa superior para formar la segunda ala.

12 Abre el modelo empujando el ala hacia arriba.

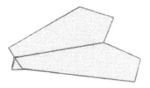

13 ¡Avión zumbador terminado!

El planeador marino

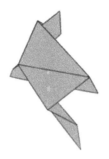

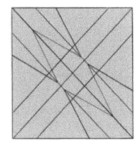

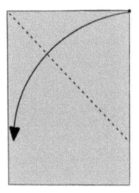

1 Dobla el papel en diagonal.

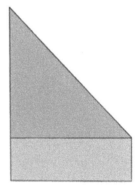

2 Corta el trozo sobrante de la parte inferior.

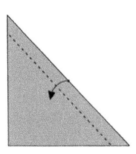

3 Dobla el borde superior más de 1 pulgada

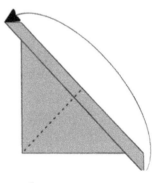

4 Dobla el modelo por la mitad.

16

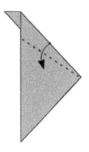

5 Dobla la capa superior del borde superior.

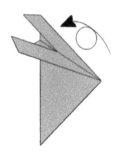

6 Da la vuelta al modelo.

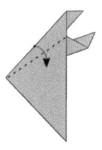

7 Dobla el borde superior como el anterior.

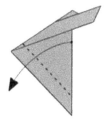

8 Dobla la capa superior para crear un ala.

9 Da la vuelta al modelo.

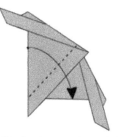

10 Repite con el otro lado para crear la segunda ala.

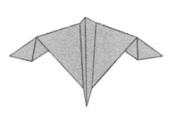

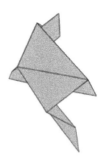

11 Añade algunas grapas en la parte delantera para dar peso a la punta.

12 ¡Avión planeador marino terminado!

Vuelo de caza

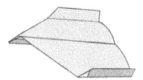

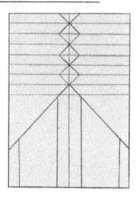

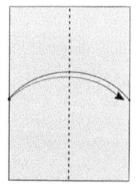

1 Dobla y desdobla el papel por la mitad.

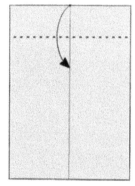

2 Dobla el borde superior hacia abajo unas 2 pulgadas

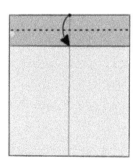

3 Dobla el borde doblado de nuevo.

4 Haz lo mismo una vez más.

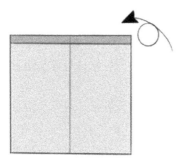
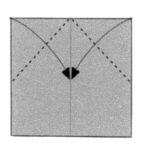

5 Da la vuelta al modelo.

6 Dobla las dos esquinas superiores hacia la línea central.

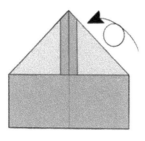
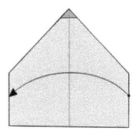

7 Da la vuelta al modelo.

8 Dobla el avión por la mitad.

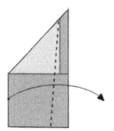
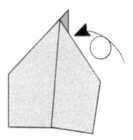

9 Dobla la capa superior para crear un ala.

10 Da la vuelta al modelo.

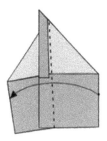

11 Dobla la capa superior para crear la segunda ala.

12 Dobla el borde superior del ala aproximadamente 1/2 pulgada

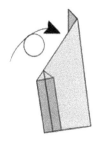

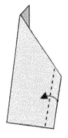

13 Da la vuelta al modelo.

14 Dobla la segunda ala de la misma manera.

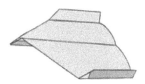

15 Avión de Vuelo de Caza terminado.

Ala real

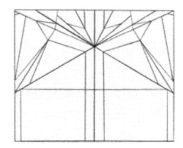

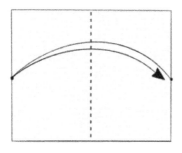

1 Dobla y desdobla el papel por la mitad.

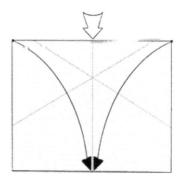

2 Dobla y desdobla la esquina superior derecha hasta el final de la línea central.

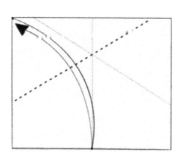

3 Haz lo mismo con la esquina izquierda.

4 Dobla las dos esquinas superiores hasta el final de la línea central y empuja el papel hacia abajo.

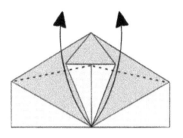 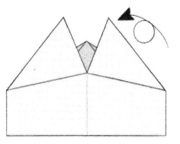

5 Dobla las dos solapas de la parte inferior hacia arriba.

6 Da la vuelta al modelo.

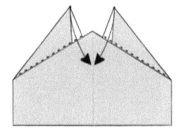 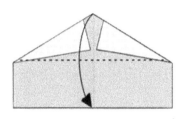

7 Dobla las puntas de las solapas hacia ti.

8 Dobla el modelo por la mitad hacia ti.

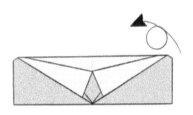 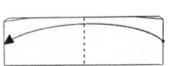

9 Da la vuelta al modelo.

10 Dobla el modelo por la mitad verticalmente.

 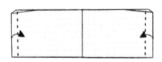

11 Dobla la capa superior para formar un ala. El cuerpo debe medir aproximadamente 1/2 pulgada.

12 Dobla las puntas de las alas hacia arriba.

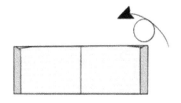 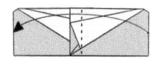

13 Da la vuelta al modelo.

14 Dobla la capa superior para formar la segunda ala.

15 ¡Ala Real terminada!

Ala de estrella

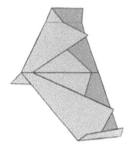

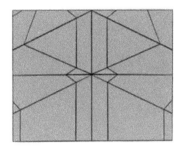

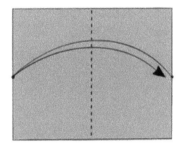

1 Dobla y desdobla el papel por la mitad.

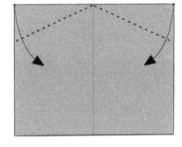

2 Dobla las esquinas superiores hacia la línea horizontal central.

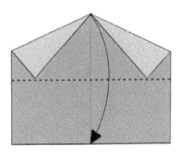

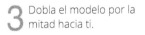

3 Dobla el modelo por la mitad hacia ti.

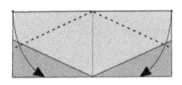

4 Dobla las esquinas superiores hacia el borde inferior.

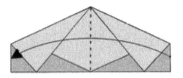

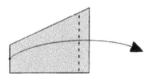

5 Dobla el avión por la mitad.

6 Dobla la capa superior para formar un ala. El cuerpo debe medir aproximadamente 3/4 de pulgada.

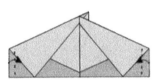

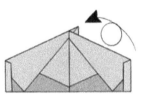

7 Dobla las puntas de las alas hacia arriba aproximadamente 1/2 pulgada.

8 Da la vuelta al modelo.

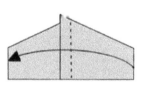

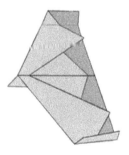

9 Dobla la capa superior para formar la segunda ala. Extiende las alas y las puntas.

10 ¡Avión de ala de estrella terminado!

El OVNI

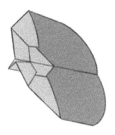

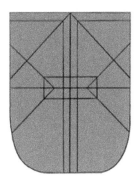

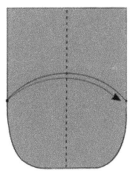

1 Recorta las esquinas inferiores para redondearlo. Dóblalo y desdóblalo por la mitad.

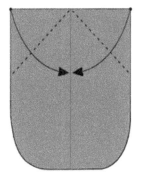

2 Dobla las esquinas superiores hacia la línea central.

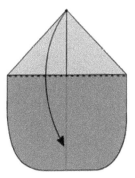

3 Dobla el pico hacia abajo 2 pulgada antes del borde inferior.

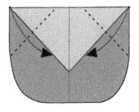

4 Dobla las esquinas superiores aproximadamente por la mitad cada una.

27

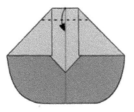

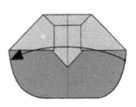

5 Dobla el borde superior hacia abajo unos 1 pulgada.

6 Dobla el modelo por la mitad.

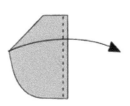

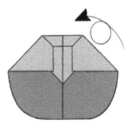

7 Dobla la capa superior para formar un ala.

8 Da la vuelta al modelo.

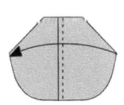

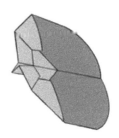

9 Dobla la capa superior para crear la segunda ala. Abre las alas.

10 ¡OVNI terminado!

Alas en V

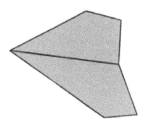

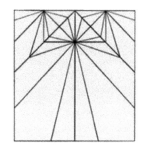

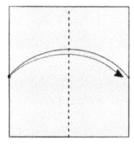

1 Corta la parte inferior para obtener un cuadrado perfecto. Dóblalo y desdóblalo por la mitad.

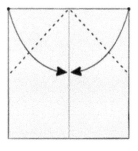

2 Dobla las dos esquinas superiores hacia la línea central.

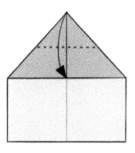

3 Dobla la parte superior hacia abajo hasta el borde del doblez anterior.

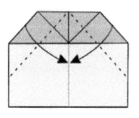

4 Vuelve a doblar las esquinas superiores hacia el centro.

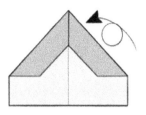

5 Da la vuelta al modelo.

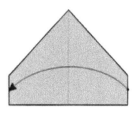

6 Dobla el modelo por la mitad.

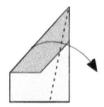

7 Dobla la capa superior para formar un ala como se muestra.

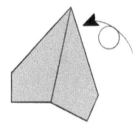

8 Da la vuelta al modelo.

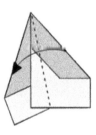

9 Dobla la capa superior para formar la segunda ala.

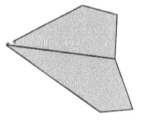

10 ¡Avión con Alas en V terminado!

Avión planeador

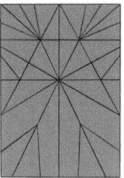

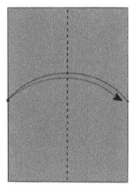

1 Dobla y desdobla el papel por la mitad.

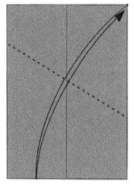

2 Dobla la esquina superior derecha hacia el centro de la mitad izquierda.

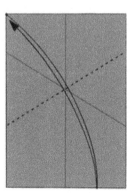

3 Desdóblala y haz lo mismo con la esquina izquierda.

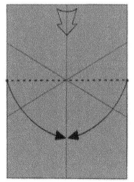

4 Dobla todo según las líneas y dobla el centro hacia dentro.

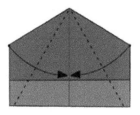

5 Dobla las solapas exteriores hacia la línea central.

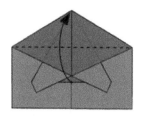

6 Dobla la parte central hacia arriba.

7 Dobla las puntas de la solapa hacia ti.

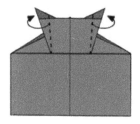

8 Dóblalas de nuevo.

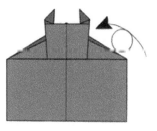

9 Da la vuelta al modelo.

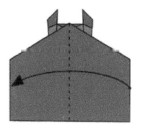

10 Dóblalo por la mitad.

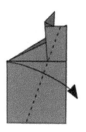

11 Dobla la capa superior para crear el ala.

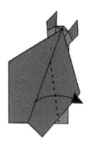

12 Dóblala una vez más como se muestra.

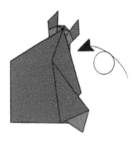

13 Da la vuelta al modelo.

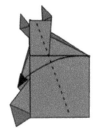

14 Forma la segunda ala.

15 Dóblala una vez más como la primera.

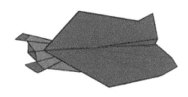

16 ¡Avión planeador terminado!

El cuadrado

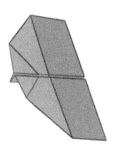

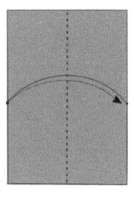

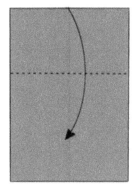

1 Dobla y desdobla el papel por la mitad.

2 Dobla la parte superior hacia abajo para crear la mitad de un cuadrado.

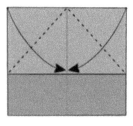

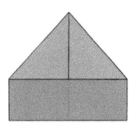

3 Dobla las esquinas superiores hacia la línea central.

4 Dobla todo hacia atrás.

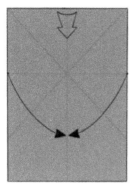

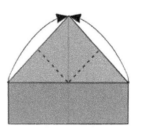

5 Dobla los lados hacia dentro y empuja el modelo hacia abajo.

6 Dobla las solapas hasta la línea central.

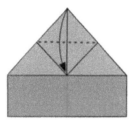

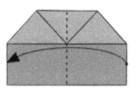

7 Dobla el pico hacia abajo como se muestra.

8 Dobla el avión por la mitad.

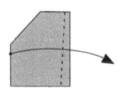

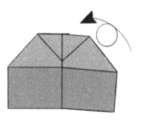

9 Dobla la capa superior para formar un ala.

10 Da la vuelta al modelo

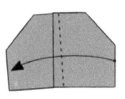

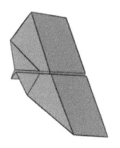

11 Dobla la capa superior para formar la segunda ala.

12 ¡Avión cuadrado terminado!

Paloma blanca

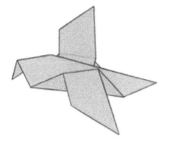

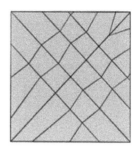

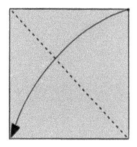

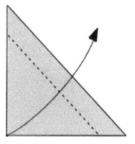

1 Dobla el papel por la mitad en diagonal.

2 Dobla el pico hacia arriba dejando aproximadamente 1,5 pulgadas.

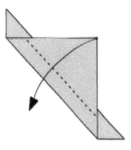

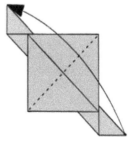

3 Ahora dobla la capa superior hacia atrás como se muestra.

4 Dobla el modelo por la mitad.

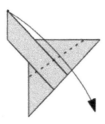

5 Dobla la capa superior para formar un ala.

6 Da la vuelta al modelo.

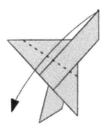

7 Dobla la capa superior para formar la segunda ala.

8 Dobla la esquina inferior hacia dentro para hacer un pico.

9 Dobla el ala como se muestra.

10 Da la vuelta al modelo.

11 Dobla la segunda ala de la misma manera.

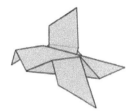

12 Avión Paloma Blanca terminado.

Ojo de Águila

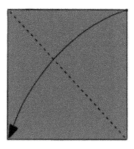

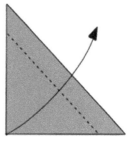

1 Dobla el papel por la mitad en diagonal.

2 Dobla el pico hacia arriba dejando aproximadamente 1,5 pulgadas.

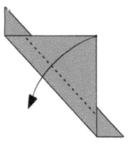

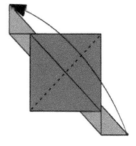

3 Ahora dobla la capa superior hacia atrás como se muestra.

4 Dobla el modelo por la mitad.

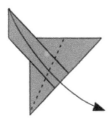

5 Dobla la capa superior para hacer un ala.

6 Da la vuelta al modelo.

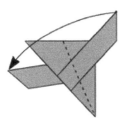

7 Dobla la capa superior para formar la segunda ala.

8 Da la vuelta al modelo.

9 Dobla el ala como se muestra.

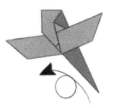

10 Da la vuelta al modelo.

11 Dobla la segunda ala de la misma manera.

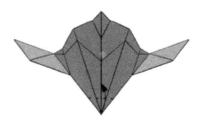

12 Pon el avión con las alas hacia arriba y dobla la esquina inferior.

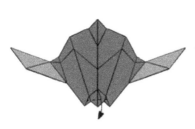

13 Dobla la esquina un poco hacia ti para hacer un pico.

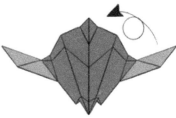

14 Da la vuelta al modelo.

15 Avión Ojo de Águila terminado.

Avión con solapa inferior

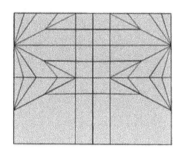

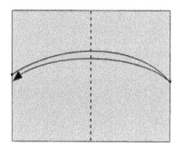

1 Dobla y desdobla el papel por la mitad.

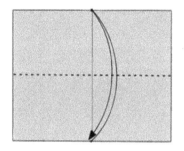

2 Dobla y desdobla el papel por la mitad horizontalmente.

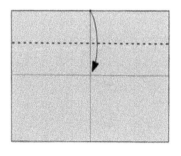

3 Dobla el borde superior para que coincida con la línea central.

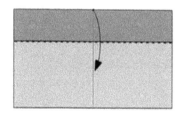

4 Dobla el borde superior por la línea central.

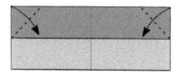

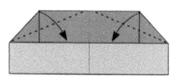

5 Dobla las esquinas superiores hacia la línea de doblez anterior.

6 Dobla las esquinas superiores para que vuelvan a encontrarse con la línea horizontal.

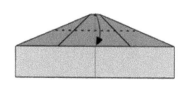

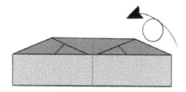

7 Ahora dobla el borde superior en la misma línea.

8 Da la vuelta al modelo.

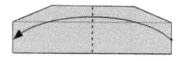

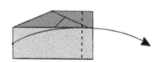

9 Dobla el avión por la mitad.

10 Ahora dobla la capa superior para formar un ala. El cuerpo debe medir aproximadamente 1 pulgada.

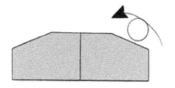

11 Da la vuelta al modelo.

12 Dobla la capa superior para formar una segunda ala.

13 ¡Avión con solapa inferior terminado!

Avión de bucle

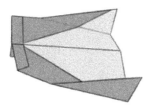 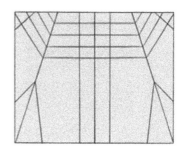

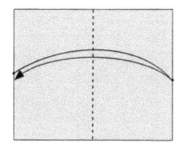

1 Dobla y desdobla el papel por la mitad.

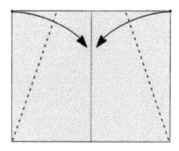

2 Dobla las esquinas superiores hacia la línea central como se muestra.

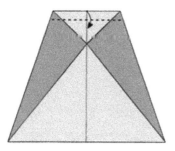

3 Dobla el borde superior hacia abajo aproximadamente 1/2pulgadas.

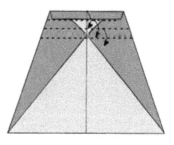

4 Repite el paso anterior 3 veces más.

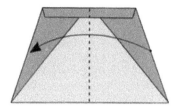

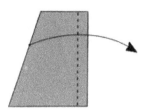

5 Dobla el modelo por la mitad.

6 Dobla la capa superior para formar un ala.

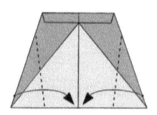

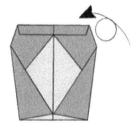

7 Dobla ambas alas para hacer las solapas.

8 Da la vuelta a la maqueta.

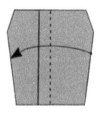

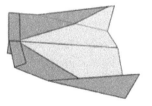

9 Dobla la capa superior para formar la segunda ala.

10 ¡Avión de bucle terminado!

Planeador sigiloso

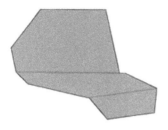

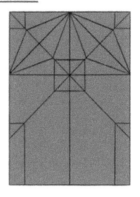

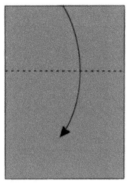

1 Dobla la parte superior hacia abajo para crear la mitad de un cuadrado.

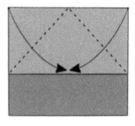

2 Dobla las esquinas superiores hacia la línea central.

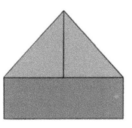

3 Desdobla todo hacia atrás.

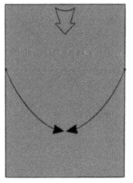

4 Dobla los lados hacia el centro y empuja el modelo hacia abajo.

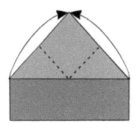

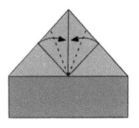

5 Dobla las solapas hasta la línea central.

6 Repite el paso anterior una vez más.

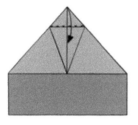

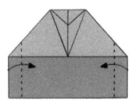

7 Dobla el pico hacia abajo.

8 Dobla los bordes laterales.

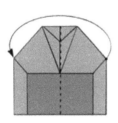

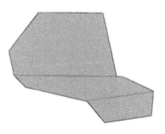

9 Dobla el plano por la mitad desde usted.

10 Avión planeador sigiloso terminado.

Avión giratorio

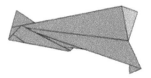

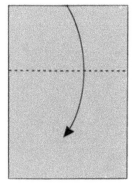

1 Dobla la parte superior hacia abajo para crear la mitad de un cuadrado.

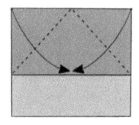

2 Dobla las esquinas superiores hacia la línea central.

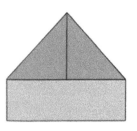

3 Desdobla todo hacia atrás.

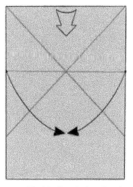

4 Dobla los lados hacia el centro y empuja el modelo hacia abajo.

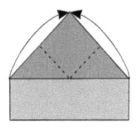

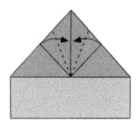

5 Dobla las solapas hasta la línea central.

6 Repite el paso anterior una vez más.

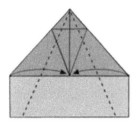

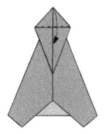

7 Dobla los bordes de la capa inferior hacia la línea central.

8 Dobla la esquina superior hacia abajo.

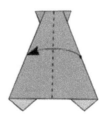

9 Da la vuelta al modelo.

10 Dobla el avión por la mitad.

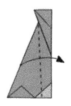

11 Dobla las esquinas inferiores hacia arriba.

12 Dobla la capa superior para formar un ala.

13 Da la vuelta al modelo.

14 Dobla la capa superior para formar una segunda ala.

15 Avión giratorio terminado.

El cuervo

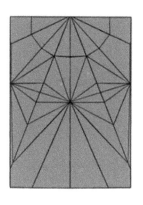

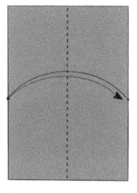

1 Dobla y desdobla el papel por la mitad.

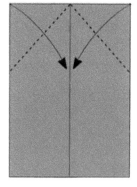

2 Dobla y desdobla el papel por la mitad horizontalmente.

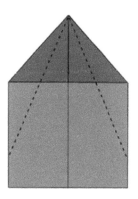

3 Dobla los dos bordes superiores hacia la línea central.

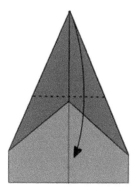

4 Dobla el pico hacia abajo.

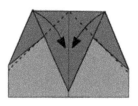

5 Dobla las esquinas superiores hacia la línea central.

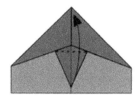

6 Dobla la solapa del triángulo hacia arriba.

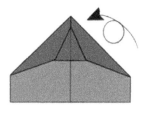

7 Da la vuelta al modelo.

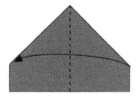

8 Dobla el avión por la mitad.

9 Dobla la capa superior para formar un ala.

10 Da la vuelta al modelo.

11 Dobla la capa superior para formar la segunda ala.

12 Avión cuervo terminado.

Avión Giratorio Ligero

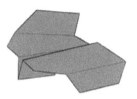

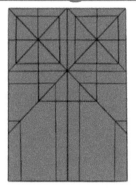

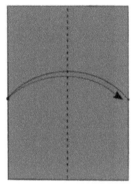

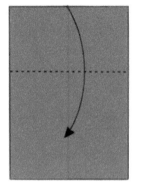

1 Dobla y desdobla el papel por la mitad.

2 Dobla la parte superior hacia abajo para crear la mitad de un cuadrado.

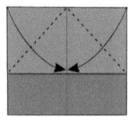

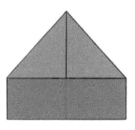

3 Dobla las esquinas superiores hacia la línea central.

4 Desdobla todo hacia atrás.

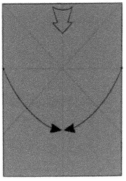

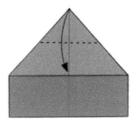

5 Dobla los lados hacia el centro y empuja el modelo hacia abajo.

6 Dobla el pico hacia el borde central.

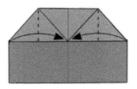

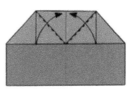

7 Dobla las solapas hacia el centro.

8 Dóblalas de nuevo hacia la línea central.

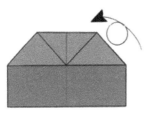

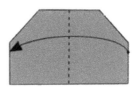

9 Da la vuelta al modelo.

10 Dobla el avión por la mitad.

11 Dobla los bordes izquierdos para hacer los alerones.

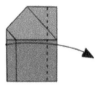

12 Dobla la capa superior para formar un ala.

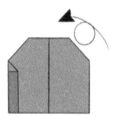

13 Da la vuelta al modelo.

14 Dobla la capa superior para formar la segunda ala.

15 Avión giratorio ligero terminado.

Avión acuático

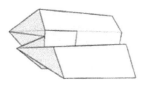

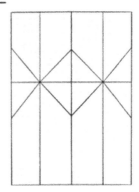

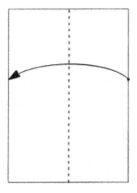

1 Dobla el papel por la mitad.

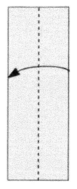

2 Dobla por la mitad una vez más.

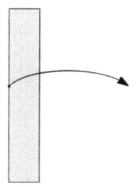

3 Desdobla el papel totalmente.

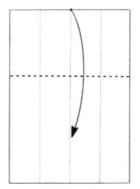

4 Dobla el papel hacia abajo unas 3 pulgadas antes del borde.

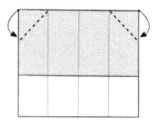 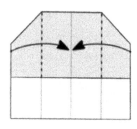

5 Dobla las esquinas superiores hacia dentro.

6 Dobla las solapas superiores hacia la línea central.

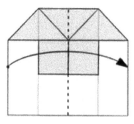 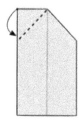

7 Dobla el avión por la mitad.

8 Dobla la esquina superior hacia dentro.

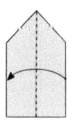 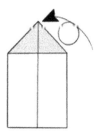

9 Dobla la capa superior como se muestra para formar el ala.

10 Da la vuelta al modelo.

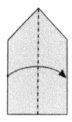

11 Desdobla la segunda ala.

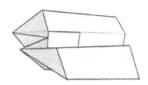

12 Avión acuático
terminado..

Ala cruzada

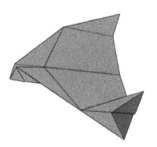

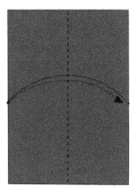

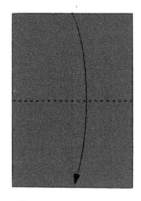

1 Dobla y desdobla el papel por la mitad.

2 Dóblalo por la mitad en el otro sentido.

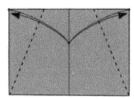

3 Dobla la línea de las esquinas superiores como se muestra y desdóblalas.

4 Dobla las esquinas en acordeón.

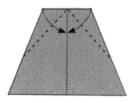

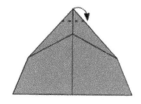

5 Dobla las esquinas superiores hacia la línea central.

6 Dobla el pico hacia atrás aproximadamente 1 pulgada.

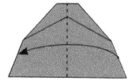

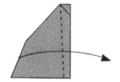

7 Dobla las puntas de las alas.

8 Dobla la capa superior para formar un ala.

9 Dobla las puntas de las alas.

10 Da la vuelta al modelo.

11 Dobla la capa superior para formar una segunda ala.

12 Avión de ala cruzada terminado.

Gracias

Muchas gracias por comprar mi libro.

Podrías haber elegido entre docenas de otros libros, pero te arriesgaste y elegiste este.

Así que GRACIAS por comprar este libro y por llegar hasta el final.

Antes de que te vayas, quería pedirte un pequeño favor.

¿Podrías publicar una reseña en Amazon? Publicar una reseña es la forma mejor y más fácil de apoyar el trabajo de autores independientes como yo.

Tus comentarios me ayudarán a seguir escribiendo el tipo de libros que te ayudarán a obtener los resultados que deseas. Significaría mucho para mí saber de ti.

Printed in the USA
CPSIA information can be obtained
at www.ICGtesting.com
LVHW061617090624
782738LV00007B/33